Julien Quittelier

Les Ruisseaux aveugles

Du même auteur

Aux légions de l'azur

Vespéral de l'être

Sonnets du levant lacrymal

La transparence des bleuités

Les cimetières hallucinés

La philosophie de l'anamnèse (tome I)

Brise-Poésies

Le sillage des pâleurs sonores

Brève étude psychédélique dans la psyché de Théo Anastal

Journal de Stanislas Pétrovitch (tome I)

Les yeux sous lesquels les larmes signent résonances

© 2022, Julien Quittelier
Édition : BoD – Books on Demand, info@bod.fr
Impression : BoD – Books on Demand,
In de Tarpen 42, Norderstedt (Allemagne)
Impression à la demande
ISBN : 9782322414062
Dépôt légal : Mai 2022

« La solitude me désespère; la compagnie des autres me pèse. La présence d'autrui dévie mes pensées; je rêve cette présence avec une distraction d'un type spécial, que toute mon attention analytique ne parvient pas à définir. »

Fernando Pessoa — Le Livre de l'intranquillité

Les Ruisseaux aveugles sont mes pensées qui mènent à une rivière de tragédie. Ce sont ces pensées incessantes sur les grandes questions de l'existence qui demeurent sans réponse. J'ai beaucoup pensé aux textes de Baudelaire, Mallarmé, Nelligan et Valéry en composant ce recueil de poésie.

La forme reste « classique » malgré la versification libérée dans certains poèmes.

Le Ruisseau aveugle

La pensée incessante ouvre la Tragédie,
Cette damnation des sommets capitaux
Crève par lents écrous toute la parodie ;
Suprême d'oublier la fête des caveaux.

Corps lourd, besace éclose, il faut encor penser,
Jusqu'au renoncement, jusqu'au Palais des Folles,
À s'en lyncher le cœur pour ne rien fantasmer,
La Caverne est quelque île au rien de farandoles.

Penser en permanence, interroger son être,
Voir des milliers de maux nous plomber les deux yeux,
Prévoir le pur billot d'un soudain disparaître,
Esquissant le Horla, rictus harmonieux.

La pensée est ce vide où l'on sait qui nous ment,
Ça racle des philos pour mourir et survivre,
Ça poétise l'aube en guigne de truand,
Ça fait craquer le sang sur l'art de la gueule ivre.

Penser à s'évader, brandir le pessimisme
En oriflamme, en Graal, penser à fuir les rangs,
Avoir pour psaume une ode exacte d'un seul prisme,
Se ravaler honteux sous les ciels purs et grands ;

Dès-lors se retirer en guet du cogito,
Analyser la faille, infime, aller sceptique
Vers le tout innommé, douter de chaque flot,
De chaque être, de chaque élément rachitique.

La pensée est une algue au fond de l'Atlantide
Qui brise le corail de la lucidité,
L'on sent parfois sa masse étioler perfide
Le soupçon du bonheur et l'Oméga nommé.

Rêverie encor sous les étoiles qui strophent

Les corolles encor la nuit pâlit éclose,
Les sons et sens chrétiens s'achèvent hiémaux,
Les murets des parvis s'échouent en quelque chose
D'un brouillard symboliste en graff pur de rameaux.

L'obsolète fantôme attache de grands clous
Aux guirlandes du mort avec un rire morne ;
Voilà que de son bec il claironne en dessous,
Jouxtant Isidéal quand tout et rien s'y borne.

Gras bleu, des dents carbone, il graisse sa carcasse,
Éployé balafré, feutré grande voix d'Er,
Papillonnant létal sur l'église et sa crasse,
Vexant le sillon d'or extrême à n'exister,

Il flotte aux alentours des Cyclades du moi
Qui vers l'inconnu ceint d'houris crépusculaires
Pâlent comme une nonne à qui l'on tord la foi
Pour déverser le chant du cinabre des terres,

« J'ai le fard de l'idole et l'aura de l'altesse,
« Fougueuse à la bacchante en serais-je autrement ?
« Veuve à val d'hiver autre... Et toute ma sveltesse
« Je la rends en désir et l'âme le reprend.

« Vous en vos deuils tout vifs et purs mais bien trop morts,
« Chantez la sérénade où l'ode coule absconse,
« Roses d'Et Cetera millésimez milords
« À revers d'une absinthe où le vers-noir se fronce. »

Dans son regard ruisselle un destin de démones,
Veuve au demeurant lors de son séjour de sang,
Elle hante un troupier de sténos et d'automnes
S'exhalant à fileuse au grand must d'un étang.

Rêverie de Poe

Sous d'ardente scholie encor pâle de brume,
Les nombres anciens pèsent le firmament,
Annabel Lee cryptique enroule un mot de sang :
C'est ce sang de ce flot qui vient darder l'Enclume ;

Dès lors, puissant, déclos quand le regard l'exhume,
Il coule sur ce fleuve où le scalp est plus lent,
Un verre de goulag dans l'hiver sénescent
Palabre sur l'automne à rythmes de bitume,

Il englue un phonème en pépite de Graal,
Transmuant de l'été le répons vespéral
Que l'Orfraie emprisonne à slaves redondances ;

C'est alors... pourpre que... la veine à cor moral,
Dont le flux d'un bleu-crève astre l'auvent mental,
Suit l'orbe au teint de nacre à ras les précédences.

Le deuxième rayon de mes yeux absentés

Dans ses regards l'on voit des rigueurs ombragées,
Plus jamais ils n'auront deux petits points bleutés ;
J'aime quand elle voit, presque en son apogée,
Le deuxième rayon de mes yeux absentés.

Ses lèvres sans semblant sont le rythme des aubes,
À jamais elles font quelque écli rose ou blanc,
Je ne vois pas pourquoi les éthers et leurs robes
Ne l'ont pas élevée à lieu d'art, pourpre aux flancs.

Mais ces regards plus morts pareils au chant du cygne
Sont deux graffs limogés par les maelstroms du Non
Dès que ses pleurs en strophe en mercure me signent
Et que l'art sans tutelle abolit l'Aquilon.

Et les miens, plus jamais, de phraser des sonates,
Ne suivront la marée au Sud de quelque atoll,
J'admire encor le cuivre et le blond de ses nattes
Qu'il me faut resonger dans la Mer de l'alcool.

Tout résonne des Bach, s'ils adviennent opale ;
Le ciel psychologique où s'aggravent des maux
Se laisse choir, sombré en une rue australe :
Au larmier désempli qu'est mon âme en émaux.

Cartographie du caveau

Je suis près du caveau, la ville est sans cantique,
Je comprends mal cet être aux abords de la Meuse…
Eût-il serti de chœurs l'orgie alme et messeuse :
Jamais il n'a promis les lésions hypnotiques…

Car de l'hypnose absconse aux yeux qui s'encielisent,
Il n'a su s'y fleurir comme un bouquet s'argente,
— Les moines et les feux (que l'autre enfer divise)…
Jamais il n'a su voir les ellipses singeantes.

Au grand jamais, terré sous des cuivres aptères,
De la foudre épargné, des soleils tributaires,
Plus jamais, Grande Dame, en rose de ces serres,
En forme de Graff glauque à la graphie des verres ;

Il humera l'écli des réponses d'automne ;
C'est considérable : ivre en des cours qui sanglotent,
Il restera crève-œil sous le métal qui tonne,
À humer vespéral les cent pourpres qui flottent.

Quand près du pied-à-terre il me vient encensées
Des vieilleries de messe tous ces psaumes m'esbroufent,
Tandis qu'en ne pleurant je n'implore et je pouffe,
En granit de Christ j'erre à spectreuses ramées ;

Il me semble, si peu, que ces fleurs pastorales,
Se boivent bunkers d'or crachant leurs symphonies,
Conversant de leur mort sous leur fibre et les râles,
Il me semble que tout n'est que fronde des stries.

Fût-ce mon seul caveau … De rassurer une âme,
Le croirais-je que là — crevant les valkyries,
Avec des mots filants de filandreuses lies —,
Quelque autre effleurirait la pierre qui desquame ?

Je l'avalerais cru plus loin que les entrailles,
Comme un pommier banni par le Spectre indictable,
J'en ferais l'oreiller trois fois mu de ferrailles,
Et m'anéantirais presque ombre insyllabable.

Âme ante-mortem

Je devine le monde et je ne le comprends,
Infini guet-apens pour un rien de semblant,
La seule infinité que je puisse admirer
Par mon air de roidi dans des transes marier.

La religion, la science et les philosophies
Tracent la tombe occise où se croisent les lies,
Et la compréhension par ce rien de sachants
Exclut l'art personnel d'effleurir ses couvents.

Que faut-il décrypter parmi ces Cieux en stock,
Si ce n'est les débuts et leur fin qui s'en moque ?
Que faut-il regarder quand l'invisible tonne,
Que les roideurs du deuil au sépulcre chantonnent ?

Si le suicide avait les gants roses des aubes
Nous ne pourrions qu'y voir des sonnets et leurs robes
Nous mentir de noirceurs, de leurs nuits qui consolent
Sous le fa de ces pleurs : ces grammes qui n'étiolent.

Lumière noire

C'est ce soir, l'improbable émeraude assombrie
Sertira dans mes yeux l'appel de la Pythie,
Une lumière noire en linteau s'épelant
Foudroiera ce qu'on nomme un précis de l'étant.
C'est ce soir, l'improbable émeraude assombrie ;

À présent, je le sais, des cantilènes roulent,
Des spasmes lacrymaux près des ronds qui se soûlent
Attirent leurs regards si beaux d'un bleu croqué ;
La syllabe a le goût d'un ciel civilisé.
À présent, je le sais, des cantilènes roulent.

C'est ce soir, l'improbable émeraude assombrie,
Je crois ne pas avoir fait filer quelque vie,
Je crois, simplement… lors de mon séjour bagnard
Ne pas avoir aimé les Échos, si peu tard.
C'est ce soir, l'improbable émeraude assombrie…

Si peu tard, il n'en reste, une psyché se braque,
Le deuil bien trop intact… bien trop mort se détraque,
Car j'ai peut-être aimé, j'ai commis ce forfait
Aux perles du summum l'inimitable allait
Si peu tard, il n'en reste, une psyché se braque :

Ma mort mordra l'hiver de ses gants de Carrare,
Et mes pétitions — celles quand l'or se pare,
Deviendront des autels d'amalgame et de feux ;
Et cetera… que sais-je encor malgré mes yeux :
Ma mort mordra l'hiver de ses gants de Carrare ;

C'est ce soir, l'improbable émeraude assombrie
Nacrera tout le poids de l'ellipse bannie…
L'improbable émeraude assombrie…
L'émeraude assombrie
C'est ce soir : l'improbable émeraude assombrie.

Prière ignivome

L'angoisse : ma prière, affront de ban cryptique,
Un minuit de printemps m'exhale des lenteurs,
Les parfums d'Orient qui roidissent baigneurs
Se jettent dans ma chair volage et basaltique.

Je me vois allongé. Des vêpres pellucides
Gisent étrangement sous mes yeux inéclos,
Ainsi que va l'encens qui valse sur nos maux,
Je pense à Dieu, humant les bagnes homicides.

Plus jamais je n'aurai de me mouvoir la force,
Englué, feint, scruté, lointain, d'art pourchassé,
Or dans la mer des ciels cielisé, cielisé,
J'aurai ce mieux d'éden de n'y rentrer en force.

Dès lors ce cauchemar comme une hypotypose
Barre les chandeliers, les vitraux flexueux,
Un maelstrom d'eau bénite engraisse les messeux
Tandis que je m'esclaffe en bénissant la Rose ;

L'oculaire frappant, mimant ses comédies,
L'increvable se crève un pied au sol d'émail,
Il bondit ténébreux tapageur sur le rail,
Dégueulant des Jésus puis leurs Douze scholies.

Sur le fil du voilier
En pensant au livre de Henri Laborit : Éloge de la fuite.

Tout quitter sacré cœur : religion, famille,
Espoir, maux, dignité, Paradis des Vautours,
Et toi qui sais pleurer d'une honte tranquille
Au gré des lents travaux que sont tous les détours.

Fuir une équation avec des larmes vaines,
Ne plus sentir l'effroi dans chaque tourbillon,
Et se graver toujours du bonheur aux déveines
Sur un roc lacrymal plus dur que le poison.

Fuir l'époque, le temps, l'art, les cérémonies,
L'infatuation, les sciences, les heurts ;
N'être plus que l'étape où se croisent les scies
Qui démembrent le sol et le ciel des haleurs.

Car ô toi cœur sacré tu sauras que je pleure,
Tu sauras me répondre, ainsi que va le Don,
Les parfums d'Orient, les raisons de mon heure,
Toi seule les sauras exhalés d'un pardon.

La Cité, le logis, le paysage interne,
La fleur que l'on a mise aux serres du larmier,
Fuir impassiblement, impassiblement terne,
Comme douter de soi devant tel chandelier.

Mon sourire de père a fait cesser la peine,
Tu lui diras que l'ombre a parfois ce métal
Où scintille un ailleurs constellé loin des Seine
Mais que l'homme déçoit quand il pense à son mal.

Les promesses, les deuils, les parcs, les mers, les dunes,
Les Labours de l'Europe, il faut fuir lourdement,
Lourdement bien plus triste au présage des Lunes,
Sacré cœur sur les ciels l'or file sourdement.

Garde-crève

J'ai longtemps balayé du regard les idoles,
Conquis les Mers du Sud, les geôles de pétroles,
Les croquis de beauté que tressait tel magma,
Psalmodiant l'austral Ave Maris Stella.

Cercueil natif, la transe érafle mes poussières,
Mon garde-crève sourd de tous les hémisphères,
Il empile mes maux sur un roc de vermeil
Et le fend au-dedans d'un surnom de sommeil.

Il a le dos voûté pris entre des tenailles,
Des mains de mythe grec, des jambes en ferrailles,
Il pioche tous maux par extrême regard,
Console oblonguement ce qui n'est plus du fard.

Il me fait oublier d'impérissables peines ;
Lors de l'hiver, il fait des buttes de déveines,
Donnant des coups de voix pour faire rompre en haut
Le plomb, le scalp, le vœu, l'art, le Styx : le fléau.

Chaque pleur… s'il les palme au fond des méridiennes,
Chaque mal… s'il dépièce au fil des diluviennes ;
Car il sait quand j'ai froid… puis il sait quand j'ai tort,
Sachant très bien la plaie oraison de l'Accord ;

C'est par devers drillé de tenter l'existence,
De vivre au jour quelque aube en mal de précédence…
Potache garde-crève, espion du fiévreux :
Je dors sur son sac d'or, je suis le mort du mieux.

Noirs sont profonds ses yeux

Noirs sont profonds ses yeux de plis ultramarins,
Le miroir semble offrir dans rigueurs millénaires,
On voit là des dévots par la fenêtre aux seins,
Des chiens morts aboyer leurs tierces maxillaires.

Des légendes d'un Er subissent dans ces lieux,
On pratique l'Archange, on décime des miettes
De pain religieux. On crachote des Dieux
Pour déguster l'amen des deux salaces fêtes.

Quant à ces yeux noirs peints comme un garde-foutus,
C'est à superviser les fous, les sans semelle,
L'étatique beauté de leurs complots obtus
Crève les horizons des loques en ombrelle.

Plus près clair l'hérétique amorce ses grands bras,
Tout monte, tout descend, la gueule grande ouverte,
Il devrait de l'église astiquer ses auras
Pour cracher l'épithète et recouler sa perte.

Attend... — des brouhahas dénotent du tableau :
C'est alors la faucheuse aux largeurs de sadisme
À tendre un œil lynché vers ceux du caniveau
À qui la mort répond tel le gant du dandysme.

Mais encor du miroir, quelques trottoirs du Taf,
(Ça paie en noir, disons que l'horloge s'arrange…)
Des <u>mojitos</u> géants pour se léguer le staff,
La gueule de trappiste et le gnon fort de l'ange.

Par la polychromie et ce peintre voyou,
De ce décor abscons des rousses nymphéales
Font de l'œil au quidam qui ne sait plus du tout
Quand les trous sartriens sont vidés de plombs pâles.

Mais voilà le dadais aux muscles excessifs
Qui dit : « Les Rats maudits contre lesquels je lutte
Sont à vendre au billot des navets électifs ;
La cordée y apporte une preuve de chute ! »

Gants roses

Baudelaire et ses gants roses erre en Paris,
Quand chacun dans son lit se soigne sans sursis,
Quand la beauté du soir effleurit les méandres,
Et qu'artificielle elle vexe les cendres.
Sitôt guillotiné par la farce du gong,
Il erre vénusien d'un songe vif et long,
C'est le songe de Poe et des Hoffmann féeriques,
C'est le summum Gautier aux émaux rhapsodiques.
Tandis qu'errant fichu de ses feuillets floraux,
Il pense à sa morale, il fait le fil des maux
Aussi long qu'une mer houleuse et corruptrice,
C'est dès lors qu'il saura que le temps est court. Vice,
Plus catho que le diable, il laboure l'ennui,
Et l'autre qui mugit n'a pas la dent qui luit.

L'image est très potache, une ville est maquette,
Du haschich effleurit une volute au faîte,
Nonchalamment dissoute en des ciels définis,
Entravant les faubourgs des rêves de vernis.
L'expression se tourne, au spleen idéaliste,
La posture surplombe un trop-plein rachitique,
Dandy plus conscient du summum d'inespoir,
S'arborant Albatros pour le crénom du soir.
Il manque la Vénus noire ou bien une nonne,

À crucifixion de métrique qui tonne,
Ou bien la Croix du Juste invariablement,
L'évasive couleur fait reg le firmament,
Plus catho que le diable et le spleen dynamite,
Un parchemin de vie au nerf métaphysique.

En pensant à Stéphane Mallarmé.

Tout s'historie avec l'ascension des plaines
Qui vers l'inconnu sain versent leurs gorges pleines.
L'arc-en-ciel sous la voûte émet des ors mescal :
Un paradis succinct sans plus d'os que de mal,

Furibonde, inéclose, une rose étatique
Semble masquer la nue au soleil didactique,
Tout s'apprend lacrymal d'oxymores malins,
Tout se quintessencie : hypnose à séraphins.

Anamorphose errée, un bleu talismanique
Valse dans le létal égarement biblique,
Tandis qu'une améthyste obombre l'existant
D'un voile d'opium, si ce n'est pâlement.

Éclose est la Cité, proche des lacs. Des choses
Plus ou moins au frimas scintillent amauroses,
L'on peut voir la doxa consumer de grands Christs
À forfait décadent les nonnes et leurs whists ;

Mais c'est alors un mauve aux prémices opale,
Pareil au somnambule errant dessus le râle,
Qui vient achever tel et qui dispose en ciel
La tour de capiton d'osmose intemporel.

Et plus tard un Gerfaut aux blancheurs luminées
Détache las les bris des messeux des Saignées,
Concourant dans sa tâche avec ces grognants yeux
Qui sévissent royaux les autels des aïeux,

La pâleur s'indispose aux dévers de la gnose,
Un rat gagne un bidon près de l'art qui se prose,
En magmas éthérés de grands vitraux ballants
Pénètrent tout émaux sur l'arc des firmaments.

Narcisse se repose, il a des lys sismiques,
Adipose, son œil cogne avec des cantiques,
S'il ne se reconnait c'en revient au fusain
Dans lequel se noie alme un bleu glauque et marin.

Maléfique calcul, l'herbe est d'un pourpre à scène,
Une bleutée aura — que la mer s'en souvienne,
Abhorre qui se tend pour ne humer que l'art,
L'art des moralités aveugles du bagnard ;

Elle se pose : une aube antécédente et même,
Un écli surchargé papillonne puis sème
Des chutes de rosiers qu'imprécises l'on teint
Telle la croix tendue à la chair qui s'éteint.

Il s'impose, un métal de filons névralgique,
Une vengeance appose un latin de rythmique
Pareil or solennel. Qu'est-ce bibliquement ? :

L'azur crevé de vide au poncif mort vacant.

Suivants, cœurs de néant, des physiques passeuses,
Louchent très mochement sur des airs de berceuses,
Verdâtre, le point tonne en consolations,
Des dryades défont le philtre des saisons,

L'on se demande, occis, si, par hasard, une ode,
Qui repose sa foi… puis s'éclipse ambre et rôde,
N'a pas tari le puits de ces altérités
Aux tréfonds du summum les rails blancs des étés !

Quatre lys, plusieurs ciels, la flamme à pics s'allume,
Des Dali refont l'air à l'aube qui résume
Les piloris vernis et les lointains métaux,
Qu'on surnomme la mort quand la vie est sans maux.

Des masques de clochards pleuvinent sur la Seine,
L'on ne sait où… Par là… C'est dès lors que la peine
Emplit l'homme au chapeau qui las pleure un défaut :
C'est le défaut de l'être éclipsant au ciseau ;

Mais alors un bleu-rouge au feutre praticable
Trame des sons tels haut que l'ordre sociable
Ni n'admet la beauté ni le pressentiment,
Que l'on propose en Graal au soleil déflagrant.

Soudain, vermeil otage aux gants roses des pluies,

Arbore une fierté d'osmoses envahies,
Tout se fronce et les regs maintiennent plus avant
L'ovale de se voir au gueux cataractant.

Ectoplasme encor blanc les gouffres civilisent,
Comme un vert médisant les sœurs qui le relisent,
Plus rien ne tient vraiment, l'on voit des chiens crevés,
Des entités d'algèbre aux parchemins ferrés.

L'on voit un mal au cœur, la rumeur élégante,
L'on voit ce crâne amorphe éructer son andante,
Des bassins tropicaux et des lambris blessés,
L'on voit quelque impressif mal au cœur de ciels nés.

Sous ce bizarre encor les mésanges crachotent
Les refrains de Marie aux pas chics qui sanglotent
Les chapelets d'absinthe emmenant des géants,
Emmenant des géants au sursis des printemps.

L'Aïda de ses yeux

L'Aïda de ses yeux, et puis des bacchanales,
L'œil d'un loup rimbaldien,
Les cris atones fuient dans les affres mentales,
Des séraphins très loin.

Et le rouge ordonné des suivantes liseuses
Marque au fer les lavis,
Aïda de ses yeux : sèves silencieuses
Ombrent les hallalis.

Les sons du vent du Nord s'apprêtent à paraître,
Fort indiciblement,
Se répondent des bleus que le feu n'est pas d'être,
Ni même aux tours aimant.

L'Aïda de ses yeux, les fonds marins se lèvent,
Des lointains névrosés
S'engouffrent plus que l'âme aux fixités qui rêvent
Ces chants et ces psychés.

Absinthes fléaux hors, l'iris est en poussières,
Les trois mâts d'un corbeau
Naviguent au fusain sous les voûtes premières
D'un tel ou de Rimbaud.

Pareille expression si ce n'est qu'un phonème,
Ainsi qu'éclose l'art :
Ordres et fixités, est pour celui qui sème
Un énième départ.

L'Aïda de ses yeux : catharsis à mes heures :
Faisant sonner le bruit
De l'angélus marqué du sceau de mes demeures,
Ses yeux buvant la nuit.

Pour peu qu'Isidéal…

Pour peu qu'Isidéal ait la voix des légendes,
Le minois de l'Hellène et l'aval des Hollandes,
Il sort de son enfer qu'un testament apprend,
C'est l'ode du grand art, ce soleil persistant.
Pour peu qu'Isidéal ait la voix des légendes
Il se souvient jadis de l'amour précédent.

Ses traits sont plus joyeux, son teint se revigore ;
Là s'il écrit son sang, s'il lit le météore,
Fût-il cet autre Loup au revers de l'humain,
C'est qu'il n'a rien de plus pour léser le lointain.
Ses traits sont plus joyeux, son teint se revigore :
On croirait un malade au précis d'un fusain.

Sa bouche, brute et forte, annonce des repères,
De l'objectivité comme un chercheur de stères,
Plus de philosophie. Avançant l'argument
Que tel qui contredit n'est plus philosophant.
Sa bouche, brute et forte, annonce des repères :
Tel quel, un but à suivre, une aura de l'étant.

Ses yeux, perçants, puissants, ordonnés, fiers, limpides,
Suivent le mouvement des questions arides,
Le pers de la Recherche effleurit leur dessin,

Le rond noir veut fixer théorème ou destin.
Ses yeux, perçants, puissants, ordonnés, fiers, limpides,
Semblent réclamer l'or et la Croix du festin.

Quant à l'expression, le détail cloue un diable,
L'abattement se voit tel comme un condamnable,
Le strass antipodique entremet l'argument
Qu'on n'en sait guère assez pour parler d'existant,
Quant à l'expression, le détail cloue un diable :
Un soleil de tous bords l'annonce humain sans rang.

Isidéal n'est plus : des cercles l'abolissent,
Un monstre de feu fend ses poignets qui roidissent,
Quelque ange très lointain l'appelle et le poursuit,
Le soleil n'est pas pur : ceint de nacres de nuit,
Isidéal n'est plus : des cercles l'abolissent,
C'est ce mort valeureux d'un idéal détruit.

Première nuit de Gênes

Ô Possible tu m'es le vandale posthume,
Sous des airs de caprice ai-je enfreint l'infini ?
Moi la couleur bleu-rêve aux transes qu'on exhume,
Serais-je moins qu'un autre à placarder mon lit ?

Les sentiments infus de nos réminiscences,
Quoi ? C'est déjà la fin ? Parlez-leur de mon cri,
Je répondrai vivant sans maillets et sans lances,
Je jouerai le refrain d'un si bel hallali.

Si l'horloge savante a pris mon nom en grippe,
Si la course du temps tel (quel déjà trop tard ?)
M'écrase abolit d'or sous l'os vain qu'on agrippe ;
Retenez-moi si tôt mais lors juste au départ ;

Je vais partir hier dans mon unique enfance,
De ce bloc d'amnésie encor bouillant de nerfs
Signeront canardés des maudits de l'errance,
Des Éos culminés dans la Cité des fers,

Buvant du brouillard clos d'invincibles choreutes ;
Je serrerai leurs mains plus seul et triste encor,
Le vrai pont de la Seine aura des brises-meutes ;
Vous n'aurez plus la peur du las et de la mort.

— Ô Possible tu m'es le vandale posthume,
Sous des airs de caprice ai-je enfreint l'infini ?
Moi la couleur bleu-rêve aux transes qu'on exhume,
Serais-je moins qu'un autre à placarder mon lit ?

Prêtez-moi la valeur d'une apparition,
Prêtez-moi le crédit d'un poète en misère,
Pâleur de poésie à haut-vol de raison
Je coule dans l'alcool de la grève autre et serre.

Deuxième nuit de Gênes

Mirage à tour de rêve aux aléas des danses,
Toujours et ce toujours barricader sa Tour,
J'en reviens à la grêle, en surnomme le jour,
Non ! Ne me dites pas que c'est la fin des Transes.

Je suis rouge-saison d'hivers plaqués-béances,
La comète et ses flots ont défleuri l'ajour,
J'ai passé tout l'été râtelier, torve et lourd,
À bousiller ma paille en raison d'incroyances.

Le Dab sourd de son île avec des lieux carrés,
Le Fou des gras mitards aux blanc-noir arborés
Balafre un rien de plus les poisons antarctiques.

Mais voici qu'un repère aux bleus philosophants
Cagne à me voir pâlir de sommeils effarants ;
J'écrirai chaque pas sur l'affect des cantiques.

Rêverie de Baudelaire

Gants roses aeternam — parente opiumique,
Connais-tu ce labeur de fuir, de fuir là-bas…
Un régiment d'azurs comme somnambulique
Poignarde mes deux mains sitôt que je suis las :
Gants roses aeternam — parente opiumique,

Sais-tu pourquoi mon nom est le nom des étoiles ?
Paraît-il qu'en dormant je bois la nuit des vents
Et que l'éclat d'Électre interprète ses voiles
Au-dedans de mon cœur de deuils froids et latents :
Sais-tu pourquoi mon nom est le nom des étoiles ?

Spectralement flambeaux en même temps que grêles,
Il erre sourd mais vif à tel Septentrion,
Triomphant sur des mers écloses et réelles
Et posant le hasard des éclis de son long*
Spectralement flambeaux en même temps que grêles…

Anxieux dont l'essor est le serment des aubes,
Se plonger en Chimère aux vigueurs des métaux :
Il cherche quelque chose au semblant de leurs robes,
Quelque chose de grand qui ne sait pas mentir*,
Anxieux dont l'essor est le serment des aubes.

Le peintre de la vie a nommé l'origine,
Il en devient par cœur ce monstre de faiseur
Avoué. Le couteau roidi de la cyprine
Que tout meurt a peuplé l'encensoir du baigneur,
Le peintre de la vie a nommé l'origine.

Le houka de l'horrible, affreux de millésimes,
Tord son être baveux, ces rixes de sommeil,
L'avouable tourment s'intitule des cimes
Le vainqueur grumeleux en phonème vermeil.
Le houka de l'horrible, affreux de millésimes.

Vois-tu venir ces vents qu'on surnomme de grâce ?
Qu'importe si l'Enfer t'a prévu pour bagnard,
Ici n'est pas la terre où planter ta carcasse ;
Ah ! Sommeille ! Sommeille ! Encor comme un coquard :
Vois-tu venir ces vents qu'on surnomme de grâce ?

Phosphorescence

Les moines décadents poursuivent la Joconde,
Sévères bleu-crevé des anges citadins ;
Sous des débris brisant la peste qui les sonde
Tortore Belzébuth sans plus d'ors que de faims,

« C'est bidon ! Vos consorts sont à vendre aux navets,
« Vos confesses-tatas les dames schématiques,
« Si ce n'est à venger les plumards des adrets,
« Fourbissent les néants — psychoses parodiques ; »

Ils déversent la haine en détritus d'acanthes,
Crachant de leurs raisons des papiers chialeux ;
Acouphène ! Acouphène ! Entendez leurs méchantes
Servitudes tels cons pour tels grognons Messieurs.

Comme leur apparence astique les raideurs !
Ils sont lâches ! Ils ont le flambeau des misères,
Mais ils n'ont pas quelque art pour s'adjoindre baiseurs
Aux méridiens d'Alors ou des Jadis sommaires !

« C'est cramoisi ! Vos bras, ces hordes infernales,
« Crèvent d'Et Cetera,
« Ils bondissent crevards sur des blancheurs vénales
« Pour foutre leur doxa ! »

Crachotent, point final, des boniments verrés,
Quel qu'aie été leur corps, à présent il empire,
Des heurts d'or comme en transe aux cressons éthérés
Les font pantins d'horrible aptitude de Sire,

Comme ils sont lâches… ! « Soit, vous avez la puissance,
« Mais ici dans des draps pas trop pointus de Styx,
« Nous avons la manière et l'art de la nuisance,
« Nous avons pour soleil un cheptel de Phénix !

« Tellement salopards…
« Ces hyènes mielleuses,
« Allez ! Hop ! : aux plumards,
« Cauchemardons ces gueuses ! »

Psyché polychrome

Le gentilhomme à ras, le mulon graveleux,
La besace de trouille à dépotoir d'aurore,
S'adjoint pour surnom l'art des palans scrofuleux :
Stance neurasthénique en sceau qui le majore.

Le suppôt de Satan l'ébrèche et postillonne,
Foi ridée et la panse aux nitouches du chœur,
Gredin mal appauvri — ça sifflote et chantonne
Quant crèchent les missels sur les ares du Cœur.

Ma mère m'expliquera :
« Ce sont des choses complexes... »,
Lacrymal : le paria :
Deuil des feus astres convexes.

Je vais épouser la fille :
La seule qui dansera
Ce soir. Perverse et gentille :
Déclose, or n'y fleurira.

Je chercherai le Père — austral, feint corps sacré,
Des savants sans logis, des tombeaux de chandelles,
Ce prêtre qui de Dieu n'est pas plus consacré,
L'oxymore des graffs, des salves du soûl d'Elles.

La raison d'être né n'est pas vaine
Mais c'est le prétexte pour brebis ;
Le mythe d'Er n'est pas dans la veine
De ceux qui hachent aux piloris.

La paix, faites-m'en part,
Elle est des symphonies,
— Adieusement* départ,
Point largueur d'eurythmies ;

La psyché polychrome aurait deux crépuscules :
L'un, volage, brumeux, dont la fraîcheur dépend,
— L'homme méchant vacille entre ces opuscules :
Et l'autre omniprésent, sans remords qui repent,

Né-mort sommant l'azur sur la mer de l'esprit
De luxer le chaos : le repos, le silence,
La lenteur. Mais toujours le remords enfoui
Bêche dans mes regards tel labour de partance.

Seul, puisqu'il faut qu'honore où la bague ferraille,
Qu'est-ce le bien du bien…
Nimbez-moi l'angélus de la suprême entaille
Si l'art meurt, Rose ou loin...

L'œuvre à Narcisse et l'idylle

Désapprends à m'aimer, feuillette mes poèmes,
Accents, strass, courbes, points, des ersatz d'adjectifs,
L'omniprésent verbal, des Graals ceints de phonèmes,
L'absconse diérèse aux étymons natifs ;

Pourquoi l'alexandrin ? Ce rythme voltairien
A pris ses pleins pouvoirs quand, battant les mesures,
Je me suis aperçu que pour tel lendemain
Le douze vêt la lettre infuse en lippes pures.

Soit... ma prose rimée, éclectique et sauvage...
Doit dissembler le Père — un Maître en vaudrait deux,
Tu ne dois pas m'aimer, comprends qu'il est cet âge
Où nul honneur de Graal n'exhale mes aïeux.

Dépuceler le douze où la rime appauvri :
Trop de similitude enfreint l'imaginaire,
Tous les vers, sans support, sont ce néant fleuri
Sans solfège métrique en psyché solitaire.

Car, avant de m'aimer, tu dois saisir mon âme,
Ma vieille âme au vitrail des automnes chlorés ;
Tu devras m'adorer pour spolier le dictame
Et nimber ces milliers de blocs saints labourés.

Désapprends à m'aimer !... Spectre, je rêve absent ;
Je suis tel Taj Mahal de fourbir l'Assonante ;
Ma chair n'est qu'ectoplasme ; or, l'hiver nitescent
J'honore dans le puits l'idéal que je hante.

Ce calme à cieux et deuil : mienne défunte à psaumes

Encor la fleur, encor, encor je te dédie !
La Seine qui t'emmène, hypnotique et vernie,
L'on ne sait quand, engouffre, indifférente en soi,
Les parvis de ton nom pour qui l'Azur est roi,
La loi des sentiments et des couleurs ravie
Exhume ton visage à séraphin de moi.

Aphone Dame rends-nous la partition,
Le mythe de Hugo de deuxième saison,
Le secret d'un beau livre à moulures dorées,
L'art majeur de Poète en ces mornes années ;
Pire que destinée, une simple raison
Ranime le silex des clepsydres lovées.

Ivresse, ivresse, ivresse : opium dogmatique ;
Lis ! Puisque tu sais lire ! Épelle la musique,
Lis ! Faiseuse d'amour, fais donc parler les cieux,
Métaphysique obscure à songe vétilleux !
Laude Eidétique, égérie où Cantique
Admet la valse prude aux gestes des adieux.

Pense ! Ne parle pas…. Cille quand l'art surprend ;
Géomètre du cœur n'est pas cœur qui dépend,
Spectral et factieux, je cueille les sillages

En tes yeux dont le nom sertit les azurages :
Azurages du cœur qu'un ciel de grêle épand
Sur l'obole du mieux puis sur le lys des âges.

Toi, fleur du ciel, défunte, otage de mes larmes,
Soit rose ou chrysanthème, un vol, ces mots de Carmes,
Une félicité, des abnégations,
Des spirites rappels, des lamentations,
Un éclat, nulle part, des rapides de Charmes,
Et puis… la solitude et l'autre : mes raisons.

Enserre ma chair lasse, un signe, un réconfort,
Dis-moi de l'au-delà le vivant et le mort,
Renseigne-moi sur l'âme et les secrets antiques,
Désosse-moi parmi les mantes psalmodiques,
Apprends-moi la naissance en aubade de cor,
Chante-moi l'innommable en graphiques védiques.

Source de vie es-tu, près de lames savantes,
L'azur s'est incrusté dans mes digues saillantes,
Dirais-je que je t'aime : il faut l'art de l'ailleurs,
Mentirais-je que las je poursuis les veilleurs
À semer ton tombeau de terre et d'hélianthes ;
Espérais-je sans foi des paradis conteurs ?

La Mer sonate au ciel, le poète ses Charmes

J'ai contemplé la Mer quand j'ai vu des Mandorles…
Tout vrombissait austral, tout fronçait saturnien,
Les vagues s'attristaient, l'écume en filon d'orles
Balisait le milord védique et saharien.

À pleurer comme on danse, à danser lacrymal,
J'ai chanté le Poète et j'ai peint les fragrances,
Tout flambait source et sel, quand j'eus mon récital
Pour adjoindre à la Mer des mots de précédences.

Je lui parlais de l'être à son summum des peines,
Du Père, de l'Europe, et du mal trop honteux,
Je clamais le remords tandis que les eaux pleines
Bouillonnaient à raison dans tout le foin des feux.

Les sens et chants chrétiens cessèrent leur Deum
Et je pouvais humer les vigueurs opalines,
Parler des dieux enceints dans mon plus laid pantoum,
Savoir ce que j'ai vu des strass closes et fines.

L'angoisse, petit nid crépusculaire, raide,
Disparut comme un vol de corbeaux becquetant,
S'éclipsèrent les deuils dans le maelstrom de l'aide :
Pouvais-je voir mon âme aux stances du Levant ?

— La mer rend et reprend, par Dieu, soit par Éos,
Elle abolit mentale où ses mortes fissiles
Sont les fils de l'Atlas, tannage du Cosmos — ;
Haut je pouvais m'écrire, historiant les îles.

Or, la mer de l'Histoire, en Volcans dissemblables,
Inhume le restant des fantômes salins.
Je te nomme, ma Dame, en surnoms indictables,
Te mariant à mort… Tous tes bleus pleins de vins !

À crever pour tels Dieux, l'offrande c'est la haine

Fantomatique autel, nonne, prêtre, pasteur,
Scélérat né du gong des bris clos de cette ère,
Quelque art sur mon doigt torve assis sur l'abducteur
Effleurit dans l'hiver l'olivier de la terre.

Morose alléluia, le terne roc m'endosse,
Sisyphe aux mains de Fée, une plaie à vêtir :
Est la plaie à la vie à même je m'adosse,
Mulon du temps occis de la mort amortir.

J'encielise tel livre, un cheptel m'envahit,
Au loin des préposés la Pythie astratère
Me somme, — et Cetera… De la muse trahi —,
À dorer l'infini de vocable archiptère.

Loin de moi le Seigneur abdiquant, et sommeille
Presque abdiquant l'aura de sourire vassal,
Ne tord ses yeux ventrus, qu'importe s'il s'éveille
J'ai déjà fait ce pacte en même à lieu cristal.

Parfois, ce frisson nul gravite on ne sait où…
Au mystique poème un labour se fait messe,
Un poème mystique a vu les yeux du Tout
Dans les déchets crevards d'une énième kermesse.

L'objectivité divine* n'est d'aucune essence,
S'en charge l'être à point par abrogation,
Qu'un bouddhiste s'en mêle en prompte quintessence,
Facultatif solo d'adjudication.

Encor ce soleil prude en sourire béat
Quand ce sixième sens abolit le septième,
Signe de l'au-delà, opium de méat,
Dieu n'est en nous… (Ferraille) : osmose pénultième.

Si Haïr n'a pas lieu, même si c'est la croupe,
Combien se croient meilleurs pour des riens de vauriens,
Combien se croient moraux se rassemblant en troupe
Pour cracher de l'humain des dogmes prétoriens ?

Pistonnés par leur Dieu pour crever sacristains,
Faiseur de Vérité pour mimer le Christ. Cognent
Les pantins ficelés pris pour des philistins ;
Qu'éclose la hideur de ces Maîtres qui grognent.

Que le vrai s'abolisse à guignon planétaire,
Et que l'homme coupable amoncelle la paix
Sur des siècles de tort tyrannisant la terre
À faire du remords des diamants épais.

Seul Dieu peut me juger : Dieu n'est pas coi dans vous,
Vous êtes os et chair à prunelle malsaine,
Pour la bonne chanson : vous mentez ; puis trop mous

Pleurez-vous vos cahiers de vos amours de Seine.

Puis, vous tournez en rond, vos vœux sont sans matières,
Votre église est lynchée en scrofuleux rafiot,
Le gnon tata-confesse a l'essaim des ratières :
Tout pivote : pardon... Dansons fier le grelot !

Parmi les millions de dogmes assez stricts,
L'on ne peut pas prétendre une vérité seule,
C'est la pluralité qui rend certains addicts
Au curieux mélange quand l'aparté s'esseule.

C'est la réunion, c'est l'étude du Rêve,
C'est la comparaison, le déni de mépris,
C'est Hermès, Bouddha, Nietzsche. Angélus est la trêve
De l'Europe au sens grec avec nos cœurs taris.

L'histoire des psychés n'est de hasard abscons :
Tout concorde, se croise. Il est quelques Déesses,
Des Dieux, des Avatars. — Des dogmes en flocons
Grêlèrent sur l'Azur — édéniques détresses.

Les mystères de la condition

Les guignons à cirer, ça pouffe sans leurs larmes,
Les prêtres : les tontons d'ouïr à s'abolir
Font leur tata-confesse au lieu de s'endormir ;
Car… c'est bien dans le Rêve où l'ange plein de Charmes
Exhale visions ; pétitions d'offrir
Au soleil sa couronne et ses closes alarmes
Ravissant le chaos sur l'astre de l'Ophir.

Il s'en sort immoral avec des bleus majeurs,
De quelle haine est-il sans nul autre supplice ?
Hargne, mépris, terreur, vanité quand il plisse
Ses deux globes crâneurs de fouets usurpateurs.
Je ne saurai jamais quelle boutade tisse
Les conjurations qui calculent mes peurs,
Qui me voient n'importe où tenailler le Calice,

Je ne pourrai jamais saisir… quoi que l'on sache,
Ce pavot dans ma tête édictant ce mot là :
Ce mot là, ce mot là. Quel hasard par-delà…
Au couperet, au scalp, à la scie, à la hache.
Quand le déterminisme éradique le rat
L'humain n'est pas si fier tandis qu'on l'enharnache
Et qu'on lui crève l'œil avec la trogne au plat.

Sans ses sous, l'homme rit, s'il cuve (au sens papal)
C'est tel inconscient qui mijote la soupe,
Au lobe le poireau s'incorpore à la croupe,
Le deuxième cerveau s'enjoue au récital,
Le cœur se prend le taf d'un soûlard qui chaloupe,
Il ravit ténébreux le rejeton astral
En gueulant des Marie aux parvis d'entourloupe.

Messieurs les prosateurs ! Un soleil pour sourire !
Puisque depuis Homère infects sont vos pamphlets,
Même ce Hugo manque au serment des ballets !
Et Cetera, blabla, scrogneugneu : pour vous dire
Qu'écrits vains c'est les chiens savants et feux follets
Qui ne daignent pas voir qu'un extrême sourire
Vaut leurs tomes mentis plus que les chapelets.

Bousillés, bousillés, les hommes bousillés
(Entre le sage et l'âne…) aiment et vérifient ;
L'échec des vérités fait bien qu'ils se méfient,
Ils sont bien sûr de rien quand ils sont cravatés.
Mais l'amour, en mimant ceux qui s'identifient,
Ils savent le mimer en opiums dictés,
Et l'art : l'autre opium, ils s'y démystifient.

Lui, l'homme prude, angoisse, en grand rut il s'inhibe,
Sa moustache freudienne ombre sa langue. Aux vœux
De cyprine au sens propre aime-t-il tout nerveux
Qu'il débande natif des eaux ceintes du scribe.

Innocent, bien poli, catholique et messeux,
Il songe, souvent, fier, de cette diatribe
Pour mettre un sceau d'honneur à son destin taiseux ;

Or, le chaos aidant (ça grogne ces machins),
Le faible émasculé puis la femme objectée ;
L'hystérie est l'histoire où toute la mêlée
Pourrait s'historier sans peur des lendemains.
Le fou n'est pas plus fou qu'un psy qui se croit fée,
L'hérétique et la nonne ont les mêmes destins ;
L'Un voit, de guerre lasse, objective, en apnée.

L'angoisse

Souvent, l'œil devancé par des gnoses mortelles,
La nuit où malgré moi le froid se mêle au deuil,
Affectives je rends les douleurs solennelles,
Soleilleuses au doute en raison d'un cercueil,
Souvent, l'œil devancé par des gnoses mortelles,

Et l'angoisse… Et l'angoisse amène son chapeau,
Son costume d'affects, ses souliers de fantôme,
Ses gants bleu-de-la-crève et ses lois de tombeau,
En ellipse à ma tête-Aristote et sans baume
Et l'angoisse…Et l'angoisse amène son chapeau ;

Quand la paralysie assaille les pensées
Et quand pas plus d'un pleur s'échappe sans couleur,
Le rideau déambule en métaux des saignées
Et je m'entends mutique applaudir ma pâleur
Quand la paralysie assaille les pensées.

Plus d'un être en est mort d'Atlantide à Jadis,
Le feu grec fut le gong des pupilles écloses,
L'enfant fut dans ses fers sans compter jusque dix ;
L'algèbre de l'angoisse est le charbon des roses,
Plus d'un être en est mort d'Atlantide à Jadis ;

À demi planté las l'onirisme en charpie :
Refrains subconscients du sensible innommé,
L'on prévoit le concert de celui qui rallie
Instrument et manière aux notes du Léthé
À demi planté las l'onirisme en charpie.

Dandysme de la trouille — éternel argument,
Le rêve invente un ciel, l'angoisse le précède ;
C'est ainsi que pour Dieu la souffrance est sarment :
Je crée un ciel si noir que Satan n'a pas d'aide,
Dandysme de la trouille — éternel argument :

Et la lettre s'inscrit — diaphore fictive…
Des tremblements honteux sont licences du Tout,
Puis l'âme polychrome en recherche instinctive
Tente de se nommer là-bas et n'importe où
Quand la lettre s'inscrit — diaphore fictive…

C'est que l'on meurt longtemps de vouloir saisir l'âme

C'est que l'on meurt longtemps de vouloir saisir l'âme :
L'on attend le calcul qui lèse notre étant,
L'on parle à Notre Dame avec l'esquisse infâme
Que notre psyché soit l'almanach terrassant ;

Bleu-méandre, un calice or-pareil nous dément,
L'étonnement du pâle entrouvre sa vesprée,
Nous voilà contempteurs de l'inconnu serment
Qui nous fit scélérats de la plus belle Année.

Le néant dilettante avec ses mains d'Idole
Nous moleste à sang veuf et nous sertit l'écho
Pour adjoindre à la messe un obscurcissant pôle
Qui nous dit quand crever d'exhaler le fardeau.

Shoot de pur d'Angélus, reléguons nos parvis,
La précédence close admet notre hystérie,
Prose au clair, ange en braille ; aux siphons de nos lits
Crevons sans rêvasser le dé qui nous obvie.

Pauvres yeux, brefs encor, montagnes de besogne,
Croire est de trop, penser coûte un or mal guindé,
Nous détendre ? Bien trop ! Le purgatoire grogne
Que valsent nos psychés qui crèchent sans été !

S'amocher sans bistouille, avons-nous trop prié ?
Le Levant psychogène assaille nos pelisses,
Nous tremblotons australs pour qu'un cœur soit sauvé
Sur le mont de la trouille en sursis des abysses ;

Et l'on s'habille en rose, on débine des messes,
L'on tente d'aimer l'autre, on mime des talents ;
Nos grisâtres minois fantasment des kermesses
Et nous noircissons las sous les cieux vagissants !

Les dépressions à la saison du Christ

Souvent, l'hiver, seul, las, loin des chocs citadins,
Je me confronte avec la loi des précédences ;
Pianote ma peur des trompe-l'œil lointains
À ne savoir pleurer que sonates et danses
Pour toucher l'infini perclus de sens malins.

Ma chambre lacrymale émet des notes brèves :
Des mesures de quartz soûl et sans lendemain.
Des cliquetis de forge inhalés par mes rêves
Sur l'oreiller hurlant sont sueurs de marin
Elliptiques sans ciels dans l'ostensoir des sèves.

Mon lit est l'épicentre où repose un pays
Déserté par l'aurore et la nuit des gouvernes ;
J'entends si froide une autre épouvante sans plis
Que j'infuse l'angoisse aux alentours des cernes
En diurne vieil homme — ors vespéraux bannis.

C'est la saison du Christ et des frondes messeuses,
L'arbre est vide de sens, l'on sent bizarrement
La neige qui perfore un bloc d'îles veilleuses
À mon corps les mimant presque sans firmament ;
Les feuilles… comme ça : turpides et honteuses.

Par-delà le silence, heure de nulle part,
Accroche le coton des illusions bleues,
J'entends chanter zéro sur l'angélus qui part
Se faufiler aux chœurs pareils à toutes lieues,
Pareils à la moisson du monacal départ.

La bacchante infondée imite un chant d'automne,
L'arpège des Psychés voile un néant en fa,
Pendant qu'au fond des temps j'exhume monotone
Le premier feu qui fut Babel d'Astéria ;
Qu'on me nomme sans lettre à la couleur atone.

Je brûle mon instinct, les pâles sentiments,
Ma main cloquée imite un mur de symphonies,
L'iris carbonisé recherche des ciments
Pour condamner le puits sacré des amnésies ;
Je me souviens mille ans être mort sans gréements.

Je me souviens souvent de ces écholalies :
L'éclose insuffisance exhalait des serments,
L'autre Pétition faisait Mémoires Lies,
Des Apôtres crânaient sur les récifs battants ;
Et tout redescendait sous tristes eurythmies.

Je pense ne pas être alors je ne suis pas ;
L'autodafé de Muse apparaît sans Pythie,
La solitude exsude à la berge des rats,
Le Christ tord la saison pour la mer assaillie,

Je pense ne pas être alors je ne suis pas :

Les enchanteurs ont fui — tierce en Répons trépasse,
L'œil crevé de plomb bleu dont la trouille applaudit
Contemple l'alme note à la Psyché qui tasse
Souvenirs et destin ; la clepsydre du Lit
Hurle que tout soit loin de chaque moiteur lasse.

Mémoire de l'expression

Je t'aime quand je lis ta prunelle qui guette
L'ennui de la vesprée à qui l'on doit la peur,
L'encens de poésie a désarmé la dette :
Celle louée au mal cryptique et contempteur.

Mais à quoi... dans quels lieux... le poème doit nuire ?
Toi, pauvre flamme au vent, je souffle sur les vers,
Sur la pâleur bénie, ambre à l'encre de luire ;
Âme brisée, es-tu le mourir des hivers ?

Qu'exposer de plus loin ? Car nos amours défuntes
Font obstacle à l'enfer si beau de Graals fanés ;
Saurais-tu plus m'aimer parmi ces femmes saintes
Qui de moi n'ont fleuri qu'en souvenirs pleurés ?

Quel est ce sentiment de toujours te voir ange ?
Je fixe un mélodrame à l'aube dans le noir ;
J'y verrais le désert des Saluts et des Gange
Si seulement les deuils m'en feraient concevoir.

Tes houkas d'Orient font blêmir ma pensée,
Où donc es-tu déclose en pleurs de cent aveux ?
Où donc penses-tu l'art ? Ta bleuité lactée
En ferait de plus beaux sous les ciels malheureux.

Répéter est le feu qui nous tord et console,
Me verrais-tu récrire en monologue affreux
Que tu viendrais relire un missel qui s'isole :
La mèche qui s'éteint des Temples amoureux,

Ces Temples amoureux te préservent mes âmes,
T'accordent nimbe et foi, l'héritage des mers,
Vaudraient-ils à tes yeux les cordes et les flammes ?
La pleine transhumance ou la haine en dévers ?

Ils ne vaudraient pas mieux… Alors, lis, fais-toi celle
Ange-gardienne ou spectre, Oréade des temps ;
Les ressacs de ma source ombrent rose et chapelle,
Verrais-tu leur venin qu'ils feraient tes courants ;

Des courants dans la grêle improbable et chenue
Qui te porteraient seule aux blocs de l'existant
Sans pouvoir te presser d'y graver l'Avenue
Quand nous fîmes le Styx d'un baiser terrassant.

Voilà mille ans que je cherche mes peines

Voilà mille ans que je cherche mes peines,
Les Méphisto s'accusent d'un ailleurs,
Dieu ne m'entend… Il paillette des reines,
Sur mon Autel : des milliers de faiseurs.
Ma poésie, hésitante à remettre
En question deux siècles à commettre,
En fée estive exhume quelque lettre ;
Support d'éden pour rois ou pour parleurs.

Ainsi que vont les essaims d'hirondelles,
Le granit dur voltige par les mots,
Soit paradis, soit bagne ; ou creux de celles
Qui de poète en poète sans maux,
Rouge-argenté de pâleur et de honte,
Eurent l'accent de ma voix dans la fonte
En concluant de leurs regards de conte
Qu'un pleur n'est pas mu tempétueux flots.

Voilà mille ans que je cherche mes peines,
Paris est loin, Vespéral est né-mort,
Paraît-il qu'il neigera ces semaines,
Maint avenir de nos soucis de cor,
Encor, il semble un froid de stalactite,
On m'avait dit que la lyre en visite,

Ultramarine et pure sur son site,
Viendrait clore et fantasmer le décor.

Voilà mille ans que je cherche mes peines,
L'enfance fut l'horreur du bégaiement,
Je voulais voir mes probables déveines ;
Sourd… je cherchais l'ordre du firmament :
Rien… Rien… Rien d'autre, aucune souvenance,
Rien… Je suis né des ellipses de France,
Par quelques mots qui firent mon errance :
Le puits sacré s'est couvert de ciment.

Plus un seul bruit n'accapare mes proses,
— Cette magie à penser du néant
Lorsque l'hiver, purgatoire des roses,
S'envient soulard de terrible excédent
À vouloir vivre. Et les froides délices,
Du pan vermeil des extrêmes calices,
Viennent sonner le glas des armistices :
Gouffre-ambre-jade aux Cyclades écloses.

La Révélation

Au jour des sens normaux, l'Intérieur se mène,
Le passé ténébreux duquel on se démène
Nous ligue vers l'archange ascétique et féroce,
Et nous voilà soumis aux messes qu'on endosse,
Au jour des sens normaux, l'Intérieur se mène,

Nous voilà remontant la mystique stellaire,
A notre air de mezcal strophé jade et galère,
Il nous faut oublier l'horreur de l'univers
De rêver trop lointain de proses et de vers ;
Nous voilà remontant la mystique stellaire.

Si nous partons, vaincus, tristes et sans bagages,
C'est que l'autre mémoire a fouillé nos adages,
Quels sont-ils si parmi les divinations,
Nous nous sommes trouvés à quelque ouest des raisons?
Si nous partons, vaincus, tristes et sans bagages ?

Avons-nous trop prié pour que Dieu ne nous aime ?
Le fou, le veuf, le veule, ordonnent l'anathème,
Le vif, la Voix, le fils, nous disent "pas encor",
Et nous voilà captifs, barboteurs de la mort.
Avons-nous trop prié pour que Dieu ne nous aime.

Mnémosyne rends-nous l'arabesque de l'âme,
Nôtre à faire pâlir le volage dictame,
Quand la couleur de l'âme égrène chaque esprit
C'est la clarté bleu-crève exhumant son grand lit.
Mnémosyne rends-nous l'arabesque de l'âme.

Spectre très haut, gargouille, ô déesse Marie
Esquisse ton sillage en braille, en ambroisie,
Colore mon absence à laquelle je bois,
Zoroastre eut l'écli des nonnes et des rois,
Spectre très haut, gargouille, ô déesse Marie.

Mais pourquoi... Mais pourquoi l'esquisse vaporeuse
Ne nimbe-t-elle pas l'Ivre-morte anxieuse :
Morte théophanie... en médiocrité,
Je vous hais, je le jure. Où porte sa moitié :
Je sens au deuil sacrer la casurne spectreuse.

Valses Notre-Dame-La-Seine

Le silence des nuits, Notre-Dame-La-Seine,
Valse filant au cœur lustral qui nous assène,
Assène à demi-flot comme nous respirons,
Qu'éclose un pers de ciel là-bas où nous irons :
Au silence des nuits, Notre-Dame-La-Seine.

Valse l'étoile en rose altitude psychique,
Nous rêvons de destin, de lord pur, de cantique,
Hésitant de rêver d'océans plus sensés,
Ainsi voilà minuit dans les éthers pansés
Par cette étoile en rose altitude psychique.

La vestale oublieuse erre et valse ancestrale,
L'abstème de filer fait sa complie astrale,
Entier Paris infime au détour des larmiers,
Estampe, ébauche, esquisse, ambre, iris familiers,
Notre-Dame oublieuse erre et valse ancestrale.

La Seine cérulée entonne parisiennes
Des navigations qui de peines à peines
Déversent leur sillage en nos yeux solennels :
Prunelles de Poète au bas des bleus et ciels
Que la Seine abouchée entonne parisiennes.

Nous chantons merveilleuse une osmose fictive,
L'éden offert implose en oraison si vive
Que nous choyons l'enfer de ne pas y penser,
Notre aura s'époumone à ne pas l'éviter,
Nous la chantons veilleuse en osmose fictive.

Or, l'aurore apocryphe amène un chant des dunes,
Nous voilà repartis dans le brouillard des lunes,
A valser, à valser interminablement,
Mêmes nerfs ; ère et moelle aussi vieilles qu'on ment
Quand l'aurore apocryphe amène un chant des dunes.

Cette valse de Seine importe à Notre-Dame,
Même histoire, même île, et nous vivons de l'âme,
Nous lui préservons l'or d'aucune lâcheté,
Nous valsons tels des fils cloués à la Cité
Car la valse de Seine importe à Notre-Dame.

Il nous faudra revivre un jour interminable,
Penser, valser, penser, penser dans l'impensable,
Refaire le chemin des millions de fois,
Pour nous sentir vivants... et pour louer nos rois
Nous devrons repenser un jour interminable

Ce n'est pas de ta faute... il paraît que l'on soufre

Ce n'est pas de ta faute... il paraît que l'on soufre
Dans un monde où l'on sait que tel quidam se meurt ;
L'on remonte le Styx pour s'exhumer du gouffre
A planter son feu grec sur les cimes d'un heurt.
Ce n'est pas de ta faute... il paraît que l'on soufre…

Et Vénus nous implore, avec rigueur et peine,
D'aimer en claudiquant ce qui nous fait du mal,
De chérir fièrement notre bonté sélène,
De ranimer la soif d'un plus laid Vespéral
Et Vénus nous implore avec rigueur et peine

Que l'on soit les pauvrets des éclipses solaires,
Avec notre ouvre-tête effleuri sur la mort,
À loucher le festin des roses tertiaires
Quand Sisyphe claironne au gré de son Mentor
Que l'on soit les pauvrets des éclipses solaires.

L'on s'aime, paraît-il, sous souffrances nimbées,
Quand l'on force l'amour l'adage nous reprend,
L'on déclame à la mer de fleurir ses marées
Et l'on pleure avec force un destin qui nous fend ;
L'on s'aime, paraît-il, sous souffrances nimbées.

Je ne sais plus aimer, je cherche mon visage,
Paraît-il qu'à l'aurore il faut encor pleurer,
Car le soir et la nuit pas plus d'un azurage
Ne vient sur moi filer comme je sais penser :
Je ne sais plus aimer, je cherche mon visage ;

À bord d'un souvenir l'antécédence éclose
Ravit, défunte Dame, effeuillant la psyché ;
Je lui donne mon cœur pour cette moindre chose
Qu'est la perdition du soleil aggravé
À bord d'un souvenir, l'antécédence éclose...

Mon âme est telle en deuil que ma chair s'en imprègne*,
Des vœux et des pourpreurs dépeuplent l'agora,
Seul et las, paraît-il, le maelstrom du seul règne
Divulgue ses archets de ces psychismes-là ;
Mon âme est telle en deuil que ma chair s'en imprègne.

Seul Dieu peut me juger pour la rose innommée,
Je cherche la réponse en haut de l'horizon,
J'y trouve de la cendre, une ère supposée,
De la Nécessité, des pontes sans raison,
Seul Dieu peut me juger pour la rose innommée...

Ce n'est pas de ta faute... il paraît que l'on soufre,
Sois savant ou vaurien, bourgeois ou mendiant,
Mais tous te jugeront et qu'importe ton souffre
Tu seras l'épigone en fer, en diamant,

74

Ce n'est pas de ta faute... il paraît que l'on soufre.

L'envie ou la pitié, tout cela s'entremêle...
Car tu peux être un roi pleuré piteusement,
Un génie en pitié, le grand que l'on épelle
Avec des pleurs moisis qui croient l'entendement.
L'envie ou la pitié, tout cela s'entremêle...

Ô rare vénusté de l'azur synesthète,
Ton nom est rougeoyant, je me sais l'espérer,
Comment me verrais-tu... toi : l'idole à la fête,
Que je ne connais pas, absconse d'espérer.
Ô rare vénusté de l'azur synesthète.

C'est l'injure qui mène aux détritus si rances,
Le mépris cadencé de gnons abrutissants
Fait Graal et son renom enrichit les errances
Du savant pour qui l'art a mille firmaments.
C'est l'injure qui mène aux détritus si rances.

Inconnue, aimez-moi, le serment d'un poète
Est de chérir le beau quand plus rien n'est sacré,
Gardienne omniprésente, Oréade à la quête,
Ressens au bout du monde un art encielisé,
Inconnue, aimez-moi, le serment d'un poète...

Amours ukrainiennes

Il faudrait le néant pour saisir les carnages,
Un ailleurs que l'on porte aux amours ukrainiennes,
Nulle évidence éclose aux prémices lointaines,
Que des grammes occis par la feinte des âges.

L'esquisse de ces voix trame des précédences,
Il paraît que l'on voit ce que l'ange protège,
Rouge et toujours vermeil l'hiver pâle de neige
Soutient le bleu vitrail des dernières semences.

Soudaine cruauté le feu d'Électre implose,
Le désespoir promet le désespoir volage,
Grises solutions, calandre sous la page
Au gré de l'apostille à l'étrille inéclose.

La pourpre encielisée arbore une ambre enclave,
La rigueur s'entremêle avec la mine-crève,
Les saisons n'ont qu'à luire ô schisme sans un rêve,
Le bleuâtre élément du psychisme déprave.

Au détour d'une idée un précipite insiste :
Il broie un chant du cygne à l'aube des cymbales,
Le chant d'Arès grêlant les ligues vespérales
Vivote spasmodique au feu clair qui résiste.

Qu'il soit d'automne ou d'or, de terres ou de dunes,
Offusque l'implicite ou se garde de peines,
Le soleil fait sonate à de moindres déveines
Et quant à l'éveil moite il n'attend que ses lunes.

L'éden à fleur de peau jusqu'à temps que l'on grave
Des dates et des noms sur l'attirail du pôle,
À l'aïeule raison tout ce qui s'étiole
Promet un signe à l'âme en beauté qui s'aggrave.

Neufs ne sont pas les sens, l'insensé ne les porte
Que par viduité qui grève les matines
À l'heure présentable au rayon des Lettrines :
Métaphysique obscure en éclatante escorte.

Je compte deux-cents fois les bleuités écloses

Je compte deux-cents fois les bleuités écloses,
Avirons et maelstroms n'ont plus de sens chrétiens,
Je suis seul, ainsi seul, j'encielise des proses
Comme un savant mort-né de feux olympiens.

Les bleus sont de pâleur orthodoxe et confuse,
Ils exhalent le seul affect qui se veut roi,
Ils ont quelque psychose aux prêches de la Muse,
Quelque horreur coutumière aux nonchaloirs du moi.

Je ne sais... Des rougeurs peignent l'inexplicable,
Des glaciers boréals surplombent le psyché,
Des verts-surmois défont le soleil innommable,
Et le tout se penser sataniste au passé,

Le tout se penser pourpre au turquoise sans mante ;
Que me vaut de pleurer si pleurer n'a qu'un son ?
L'ennui rosâtre applique adieusement des Dante
Qui me tortorent vif au graff de mon crénom.

Corset posthume

J'avance contre l'art plein d'honneur et sacral,
Je ressemble au graff flou de la bille cassée,
Il paraît que le Christ, dans le vin de son Bal,
A souillé la pensée — ode, sacre et trophée.
J'avance contre l'art plein d'honneur et sacral.

Oublieuse beauté, j'ai chérie angélique,
Reviens avec ta lame esseulée à l'égo,
Le poème indictable ajourne la rythmique
Au premier cri de l'homme, au flash de son pinceau.
Oublieuse beauté, j'ai chérie angélique.   .

Mes deuils vifs tout bleus d'égarements chrétiens
Boycottent la psyché d'encens de mescaline ;
Bourgeois, savants, bouffons, cliques, crève-œil, vauriens,
Le Levant du mépris sur leur tête badine…
Mes deuils vifs tout bleus d'égarements chrétiens

Voient l'accent cuir-soleil rouler ses effigies ;
Pas plus que le rouleau nettoyeur de cerveau,
J'écris une fenêtre aux plats des amnésies,
Saluant au détour les vides sans tombeau
Qui voient l'accent-soleil filer ses effigies.

Je vois souvent le Christ bousiller l'art mental,
Bien que mon cœur en soit sculpté près de la rose,
Je sais cette fadeur s'écraser au banal
Martyr de l'opium et de la dèche éclose.
Je vois souvent le Christ bousiller l'art mental.

C'est seul qu'on croit la foule au ban de la joliesse,
Après la solitude il est des os très chers,
On apprend à chérir le soir de politesse,
Si ce n'est la pensée esquissant ses hivers.
C'est seul qu'on croit la foule au ban de la joliesse.

Abandonner est trop potache et balisé,
Rimbaud n'a pas commis les ciels et la mystique,
Torve, il n'a même pas soigné son yacht beurré,
Quant au portrait fictif il manque son cantique.
Abandonner est trop potache et balisé.

J'écris pour les rêveurs jetés des Tours d'ivoires,
Quand le signifié boîte à d'autres destins,
Les signifiants font si pas plus de déboires
Qu'un synesthète au fil des mots adamantins.
J'écris pour les rêveurs jetés des Tours d'ivoires.

Les refourgués du Monde, ancrés de bars seconds,
Qui de trouille en lynchage implosent et se scalpent,
Les gauchistes du Styx qui dansent leurs tréfonds,
Malmenés, œil de suie, avec les pleurs qu'ils palpent.

Les refourgués du Monde, ancrés de bars seconds.

J'écris les endeuillés et l'Urne qui se pense,
Appel fichu de maille en trompe-l'œil des cieux
Qu'un tel adieu surnomme en maelstrom de dépense,
Les deux mains au cordeau fignolent les messeux,
J'écris les endeuillés et l'Urne qui se pense.

J'écris sur l'indécis, le plus beau des Onyx,
Quand la perte de sens est le Graal des automnes,
Quand, survenu des Temps, sillonne le phénix
Le chant du cygne offrant les gloses monotones.
J'écris sur l'indécis, le plus beau des Onyx.

Jusqu'à tant que l'on soit du vide qui s'épelle,
J'accuse mon ailleurs de divination,
Mon ailleurs de forçat qui se tarit sans elle :
Ce fut le lacrymal cortège sans raison
Jusqu'à tant que l'on soit du vide qui s'épelle.

La légende prend fin, on s'habitue, on feint
La saleté rentable avec des rictus mornes,
On s'adorait quand même on nommait le lointain,
Pleut le baiser matrice au-dedans de nos cornes.
La légende prend fin, on s'habitue, on feint…

Et puis l'ange intervient, il exhale sa chaîne,
Bleu-rose de la crève avec fable et missel ;

Que nous pousse-t-il pas près des bords de la Seine
À faire des croque-âme au crénom solennel.
Et puis l'ange intervient, il exhale sa chaîne.

On fantasme un pardon quand s'élit le Levant,
On palabre déchus des foudres d'angélisme,
On se ravale puis, plus fort d'un firmament,
On devient presque humain, grêlés de mimétisme.
On fantasme un pardon quand s'élit le Levant.

Ellipse à la thébaïde

Nous deviendrons des ors mêlés de lys et d'astres,
Des oublis quand les gongs grêleront les amours,
Puis imparfaitement nous léguerons les jours
Dans l'invisible lettre à l'accent que tu castres.

Nous pourrons employer l'horreur et les désastres,
Pour nuancer les ciels de trois ou quatre tours,
Et nous aimer tout feus vers le moindre toujours
Pour nous plonger au flanc des fleuves d'alabastres.

Pour l'éden d'un frisson nous aurons deux graveurs
Qu'exhaleront l'esquisse et les temps contempteurs
Sous le droit de s'aimer éternellement nôtre.

L'on dira que la mer emporte ses cristaux
Avec l'attrait spectral du séraphin sans maux ;
Nous serons l'île éclose et fable de l'apôtre.

Je me nomme Douleur

Je poursuis l'infini comme on poursuit ce rêve
Qu'est la raison nocturne au folklore des temps ;
Grenier, couleur d'enfance, encens, coton et sève,
Exhalent dans mon cœur les îlots survivants.

Il me semble qu'un drame a joué de ses noces,
Je ne sais pas quel dé me prévoit le destin,
La souffrance hilarante ou l'aqueduc des fosses ;
Enfin… Je songerai l'âme sans lendemain.

Qu'il me soit renseigné ce mystère qu'attestent
Tous ces gens de la gloire au Soi multipliant
L'osmose avec l'esprit dès lors que ceux-là restent
À contempler l'éther autrement plus savant.

Je guette l'aperçu, l'ébauche sans nuances,
Je désapprends le rêve aux palans de ce Styx
Où rouille le larmier de mes antécédences
Battu par ce flot rouge empli d'or et d'onyx.

Qu'importe, adorez-moi s'il semble que l'on s'aime ;
Mot perdu, dessin pâle, orée à l'affectif,
Notre-Dame des temps, Psyché que l'on essaime,
Tous les Et Cetera de l'art idéatif.

Je recherche un exode où danser mes étoiles
Avec ce sens chrétien des Delphes sous mescal
Pour l'éclat d'une mer psychique de ses voiles
Et m'exhumer vainqueur du silence ancestral.

Partout l'opprobre est chœur : chœur du mal, chœur en transe ;
Je me vois désossé, ma chair est feu follet,
Les coups perchés de miasme érigent mon errance
Vers où l'on ne sait croire à l'ubac et l'adret ;

Je ne vois pas comment, par si peu de matière,
Souffrir limpidement sous tombereaux encor,
Pour aimer et haïr quelque hantise fière
Qui me cloue humblement sous serment sans décor.

Je me nomme Douleur. Entité de sulfure,
Jeté superbement de tous les bâtiments,
Raclez, crachez, louchez ! Le sentiment d'exclure
Fait que l'on est moins sale en gerbes et sarments.

Intérieurement ce volcan qui s'aggrave,
— Pustule de beauté, myope piranha,
Suscite chez quelque autre une bataille grave,
Alors que l'abandon voit les ciels de Stella.

Tel qu'étrange, toujours pareil aux cicatrices,
Je prie avec Satan des lazzis lumineux
Qui font vers après vers des latentes éclisses

Sur le Totem crevé de mes bras caverneux !

La Douleur intrinsèque aux syllabes de dèche :
Je me nomme Douleur et j'écris sur le roc
L'infatuation en deux-cents coups de bêche
Pour percer ce miroir sous ce lacrymal choc…

Je t'aime pour l'oxymore où tu m'as vu triste

Je t'aime pour l'oxymore où tu m'as vu triste
Dans l'impossibilité de te voir Sylphide,
Je créais des univers et ce bleu qu'attriste
L'entité de ton fantôme au destin putride ;

Oui... je créais la Sphère, avec l'art de la paix,
Aux gants roses sur la plage un soleil créait
Des stances sur l'air, l'eau ; quand je me survivais
À nommer ton surnom sur un mot qui ployait.

Vénus noire arithmétique éclose mirage,
Je te pensais exacte, exhumée à ma page,
Exacte à tous les maux, houblon d'un faux sonnet.

Fût-il la terminaison l'on croise à la Seine :
Je plierais quatre vers de Rimbaud, de Verlaine ;
Car je suis né Poète à l'encens d'un Corset.

Les pâles

Nous irons cimenter ce puits sacré de gnoses,
Des yeux la cathédrale imitera l'iris,
Et par d'exacts malheurs dès les ciels amauroses,
Le grisou de l'enfer flagellera les lys,

Et des siècles plus tard nous pourrons nous aimer
Dans les rocs et la flamme attestés dans notre âme
Pour célébrer l'essence où se faire grimer
Des spasmes de l'enfer qui trichent Notre-Dame,

Et quand viendra le jour des séquences damnées,
Amoureux et plaintifs nous borderons les mers,
Noyés, dépourvus, morts, au-dedans des marées
Nous léguerons la rose à ces printemps amers.

Nous revivrons mille ans dans les nids et dans l'or
D'impassibilité criarde et monotone,
Faisant sensation dans le plus laid décor
De nous aimer spectraux avec l'art d'un automne.

Non plus de chair volage au terrestre martyre,
Mais dessous la poussière encielisée atour,
Nous plus à l'horizon l'effroyable satire,
Mais aux blés infinis des graines de la Tour.

L'astre calligraphique ombrera nos péchés,
Nos surnoms, nos émois, nos deux antécédences,
Et nous pourrons dès lors aux algèbres loués
Décrypter l'oméga de nos mille espérances.

Lettre à la sœur que j'aime

Ce n'est qu'un cauchemar... N'est-ce qu'un cauchemar ?
Il est, au Paradis, ma Sœur, des symphonies,
Plus écloses que l'or, plus spectrales que l'art ;
Maladive beauté les prunelles bannies :
Ce n'est qu'un cauchemar... N'est-ce qu'un cauchemar ?

Suppose un reflet pur sur ta joue obombrée
Et le silence encor t'accorder la splendeur
Et l'ellipse d'Éos dans les sommets halée
Te porter dans la nue où te surprend ton cœur.
Suppose un reflet pur sur ta joue obombrée.

Entends, voilà l'éden... Sismique ovation ;
Des angelots natifs se nacrent et s'argentent,
L'on prévoit minuit d'or la prochaine saison
Pour ces mille ans d'algèbre où les bardes s'inventent ;
Entends, voilà l'éden... Sismique ovation ;

M'entends-tu ? Par ici le sol est peu solide,
Des gens se croient meilleurs, d'autres prennent l'exil,
Les premiers sont méchants, les seconds la rapide
Les mène n'importe où, dans le pur et le vil.
M'entends-tu ? Par ici le sol est peu solide...

Sais-tu que j'ai prié tout près des sacristains ?
J'ai refait l'Achéron dans un tour de manège,
J'ai pleuré deux, trois fois, j'ai banni mes festins,
Enfin, j'ai fait ma part et mon sang dans la neige ;
Sais-tu que j'ai prié tout près des sacristains ?

Si tu pouvais me voir… S'il est temps de survivre,
À pleurer, ma tendre âme, au sommet, quelque part,
Le résultat de l'aube a mis ses gants pour suivre
Le bleu-deuil de ton nom pour des riens ou pour l'art.
Si tu pouvais me voir… S'il est temps de survivre :

Car, souvent, l'on pardonne à compter les splendeurs,
Un haut-lieu de Joconde et de Vitruve en lice,
Un portrait, une énigme, un néant de vigueurs
Sur ton cou déposé que cesse le supplice
Car, souvent, l'on pardonne à compter les splendeurs…

L'on voit la mer aphone agrandir ses fragrances,
Et tu sais qu'il paraît que la porte des Temps
Inavouable émet closes les précédences
Si haut que l'on dirait les avenirs suivants ;
L'on voit la mer aphone agrandir ses fragrances.

Peux-tu saisir ma chair ? Ici rien n'a d'été,
L'hiver omniprésent limoge la prière,
Car c'est qu'il est minuit au parvis innommé
Où je pense ton âme en abjurant la terre :

Peux-tu saisir ma chair ? Ici rien n'a d'été.

Que reste-t-il en bas ? Des informes cupides,
La bêtise au pouvoir de mensonges honteux,
Un masochisme abscons, des vengeances placides,
Le reste abolissant l'équation d'un mieux :
Que reste-t-il en bas ? Des informes cupides.

Âme-Sœur sans aubade en chœur des éternels,
Dirais-tu que je suis dans une erreur immonde,
À traverser le Sud sans pouvoirs solennels ?
Dirais-tu que je mens de haïr notre monde,
Âme-Sœur sans aubade en chœur des éternels ?

Il est six heures sur des secondes australes
Car tu peux me comprendre… Ai-je compris à tort ?
Devrais-je désapprendre en notes destinales
Ou las m'anéantir sur un bien plus beau sort ?
Il est six heures sur des secondes australes…

Il est neuf heures moins les amours sans missel,
À chercher la Réponse affreuse et mirifique,
Le saurais-je autrement dans l'infini de sel
Puisque de Dieu je suis le silence tragique :
Il est neuf heures moins les amours sans missel.

C'est l'heure du Levant, tu lis pour que je t'aime,
La chaleur d'une étreinte adoucit de ma peur

L'incompréhension de ceux qui le front blême
Posent des questions sans y mettre du cœur ;
C'est l'heure du Levant, tu lis pour que je t'aime.

Ainsi j'aime un halo d'éthers. Le rai spectral
Vivote de pourpreurs que fédère l'aurore,
Tout paraît la raison de l'accroc lacrymal,
Tout percute les cils : la pluie encore ; encore
Ainsi j'aime un halo d'éthers le rai spectral...

Réponse d'automnal

Encor cette rigueur automnale qui tremble
Au parvis des damnés, sérénade au destin.
Il paraît que pleurer c'est dénoncer ensemble
Le vin de la beauté du rêve adamantin.

Roidis, les cœurs battus, la réponse d'automne
Est un lac boréal qui suit son grand espoir,
Avant lui : tout résonne ; après lui : le glas tonne,
Moindre horreur de penser ce soleil sans miroir.

Les frondaisons des soirs nous rappellent l'enfance
De constellations en constellations ;
Le rayon bleu de la cendre obombre un silence
Qu'il nous faut espérer avec des yeux oblongs.

Le marbre de Carrare aux clartés pastorales
Sévit, gigantesque roi. Les blocs de Paris,
Feuillages d'autrefois, galènes vespérales,
Furent verts pépiements du quidam-paradis.

Notre livre intérieur file précédence,
La vie est une armoire où l'on range des maux
Qui tour à tour défont le reste d'existence
Qu'il nous faut repenser en mimant quatre émaux.

La région de l'aube est une île oulipienne,
Naguère potache et soûle en deuil automnal,
Elle est ce quelque part, abouchée à la Seine,
Sur le banc du sommeil de l'antiquaire astral.

Le puits sacré recouvert de ciment implose,
Les papillons d'hydrolat fêtent enchanteurs,
Sens, foret, deuil, mémoire, arc et flèches, osmose,
Psyché comme intendante aux captives pâleurs.

Invincible, on se croit, de l'amour à la haine,
Le chant du cygne est notre Ode, on crie aux Scylla,
La vésanie heureuse est le houka sélène
À fumer d'éternel sans pleurer par-delà.

Idéatif lointain : l'arbre est effervescence,
Notre aubade est le miel d'un pays sans surnom
Et nous mentons l'automne et la suprême essence,
Est-ce la Tragédie ou les morts sans renom ?

L'examen de nos yeux nous surprend dès l'aurore,
Véridique ectoplasme à qui l'on doit l'effroi,
Ils sont jadis de nous, grands comme un météore,
Nous dévisager martyrs est leur seule loi.

— L'hiver n'est pas la mort, ses teintes impressives,
Ses sensations, ses sens, le feu, le confort,
Les anges que l'on construit, les fêtes fictives,

L'arbre où tout recommence est vivant contrefort. —

Les amoureux se font Graal, de petites fées
Les nomment Constelleurs, bâtisseurs d'horizon ;
L'oreiller de l'automne éponge leurs marées :
Pourpreurs d'apocalypse hautaines de raison.

Séjournons au soleil, un voile le dessèche,
En sceptiques, prions, faisons grêler les ciels,
Les Cyclades d'automne à l'ailleurs de leur crèche
Tortorent l'art feuillu des Levants solennels.

S'empêcher de mourir, crouler sous des estampes,
Car s'aimer faussement est un premier dessein
Et la pitié de soi n'a pas les mains des trempes
Sur lesquelles tolérer quelque autre chemin.

La pitié de l'automne interprète la nôtre,
Changer pour se commettre autrement du néant,
Partir pour revenir après des mois d'apôtre
Et bourgeonner meilleur dans la gnose et le vent.

Quand viendra le printemps sans fatigue elliptique

Quand viendra le printemps sans fatigue elliptique,
Que ma peine hivernale aura l'adieu comme encor*,
Je serai cet heureux architecturant cor
Avec ma muse en prose à la stance sceptique.

Et ce soleil nommé sur une osmose haptique
Baptisera ma chair d'atlantique décor,
Les ciels de la vesprée auront le double essor :
La poète-Oréade exhalant tel cantique.

Ainsi soit-il aux mers décisives qu'éclose
Le rayon venimeux qu'ensorcelle la glose,
C'est la nôtre qui darde avec l'ancien Styx :

J'aimerais l'admirer, mais pourquoi... L'aube oisive
Fit déjà les ciels noirs dès mon autre missive :
M'espérer dans l'été flambeaux et cent phénix.

Le vieil homme aux amours V

Si par bonheur je crois : je sais que tu respires,
Que tu mènes ta vie aussi vrai que possible,
Quelque part loin d'ici… les arts meilleurs ou pires
T'idéalisent Muse en douleur indicible.
Si par bonheur je crois : je sais que tu respires.

Tu cherches à comprendre un espace innommable,
La possibilité de la paix t'abandonne,
La mer t'a subjuguée en rencontrant sa Fable
C'est pour ça que tu ne peux t'éclore en songeant les frondes
lacrymales :
Tu cherches à comprendre un espace innommable.

Moi aussi, je suis quelque part, je tisse des cathédrales
évaporées de chaos
Et si parfois il m'arrive, sous n'importe quel prisme, dans mes
extrêmes ténèbres ou dans mes impressions occidentales, de
n'espérer que dans le Charybde et le Scylla de mes
suppositions facultatives, mon nimbe qui me crée de la pensée
exhume par une douce légèreté un ange et un lit omniscient
pour, d'ici le destin, te rencontrer ou te reconnaître ; sans
prémonitions, sans même la moindre bribe intellective, parmi
les brumes et les Levants de l'antépiphore.

La bélandre d'Elvire

Ô toi qui glisses blanche en forme de percale,
Psyché de voile adieuse, âme-sœur des Dryades,
Sais-tu qu'au nom des flots ta poésie astrale
A tué le sang glauque et filandreux des sades ?

Je veux pour ta couronne annoncer les galènes
Des nuits taiseuses de toi, avec l'inflexion que je préserve aux
anges dans leur cénotaphe plein de rayons sidéraux, plein
d'angélus qui grèvent les hypothèques du cœur, plein d'audace
et de menace d'aimer.

L'époque à peau de chagrin

Vaincus. Des passe-temps, des rigolades jaunes,
Le tremplin de la gloire a déchaîné ses faunes,
Athéna comme instinct prit pour rocs les humains,
La fatigue hystérique est l'art de nos deux mains.

Notre sinciput flambe au minima d'Essences,
Nous ignorons, souffrants, les régénérescences,
Qui passent quelque part avec leurs lents tocsins
Alerter la misère et les rois et les saints.

Coulez-moi du bonheur dans mes plombs sédentaires,
J'irai chercher là-bas tout l'or des éventaires,
J'irai chercher l'aimée au Levant s'il le faut,
Pour vivre, je créerai le plus morne défaut.

Il est tard dès trente ans, nous avons passé l'âme,
Dans les ciels, sur les mers, au gré de lame à lame,
Nous avons permis l'Ordre ou le Chaos primitif
En croyant les berceurs à d'untel plumitif.

Le déni qui nous mord est psychose ancestrale,
De la lucidité la dose magistrale
Est celle du chagrin qu'on rencontre en nickel,
A voir l'esseulement sur n'importe lequel.

Le doute au paroxysme a paysagé Folles
Ces esprits de trois mâts qui dansent l'art des fioles,
L'analyse au suprême a fait joncs les béryls
Sur l'autre pied-à-terre aux spasmes des périls.

L'angoisse, l'alme angoisse, abolit notre idée,
Chenue, en quarantaine, amorale, évidée,
Nous la cherchons encor sur l'oreiller hideux
Où l'eurêka s'éclipse en oubli cafardeux.

Crève à peau de chagrin l'époque audacieuse,
Parmi l'effervescence aigre et disgracieuse,
Éteindre ce chaos ni ne crois ni ne sais,
Nous fûmes le désordre, un puits mort plus qu'assez.

Nous fûmes spectres

L'art brisait. Nous faisions des grains de solitude,
La vie avançait vite, une angoisse de tout
Nous tiraillait si fort que notre multitude
Gisait dans des bouquins près d'ailleurs et partout ;
L'art brisait. Nous faisions des grains de solitude.

Sortir était de trop, la chandelle était triple
L'absinthe au grand savoir nous forgeait triste et dur,
L'horizon éclipsait le Festin d'un périple,
Nous fûmes spectres lors d'un moins suprême mur ;
Sortir était de trop, la chandelle était triple...

Nous eûmes presque un tort à nous croire bohème
Alors qu'un mal daté nous torturait les nerfs,
Alors que simplement le diable et l'anathème
Nous crevaient la flammèche en diktat des enfers.
Nous eûmes presque un tort à nous croire bohème.

Sur la rose des vents le bonheur mimait l'âme,
Mais la nôtre à penser sans cesse l'avenir
Ressassait les tambours sur le sang de leur lame ;
Fuir, essayer de vivre, enrager, ou venir
Sur la rose des vents le bonheur mimait l'âme…

FIN